Qoraa: Fadumo M Ibrahim

Soo Saarid: Tamartic Design Agancy

Good manners & Respect

Akhlaaqda iyo Ixtiraamka

ilmo

Aqoon.Waxbarasho

Iftiimi Mustaqbalka Ilmahaaga

Aqoon.Waxbarasho

Good manners

Akhlaaqda iyo Edebta Wanaagsan

Adigu akhlaaq wanaagsan ma leedahay?

Do you have good manners?

Akhlaaqda wanaagsan waxay ka soo bilaabantaa guriga, waxa ilmaha bara waalidkood. Haddii aan waalid nahay waxa na saaran masuuliyad ah in aan carruurteenna barno wax walba inta aysan waxbarasho billaabin, bannaankana u bixin.

Waxa jira afar kalmadood oo noloshaada ku caawin doona.
Ta kowaad, Qosolka iyo dhoollacaddaynta markasta oo aad la kulanto walaalahaa oo aad u dhoollacaddayso waxaad tusaysaa in aad leedahay akhlaaq wanaagsan, oo aad waliba tahay qof dadka kale iyo bulshada uu la noolyahay wanaajiya.

Learning to have good manners starts from home. As parents, it is our responsibility to guide and inform the child what good behaviour and manners are; before we send them out to society.

There are four words that will help you greatly, if you use them correctly.
The first one is 'smiling' at others, when you meet them.

3

Tan labaad, waa isticmaalka erayada xushmaddu ku dhee-han tahay sida: 'adigoo raalli ah'. Tusaale, Adigoo raalli ah ma ii soo dhawayn kartaa waxaas? Marka aan wax rabno ma habboona in aan qofka ku dhahno 'waxaa keen', 'isii waxaas' innagoon adeegsan hadal wanaagsan sida 'adigoo raalli ah ii keen waxaas', ama 'ma ii keeni kartaa waxaas?'.

The second is 'please'. When you want something, it is good to use the word 'please', as it shows that you have good manners.

5

Kalmadda saddexaad ee ku caawinaysa waa 'mahadsanid'. Haddii aad 'mahadsanid' ku dhahdo waalidkaaga marka ay kuu soo iibiyaan dhar cusub ama ay wax kuu qabtaan waxaad u muujinaysaa in akhlaaqdaadu wanaagsan tahay oo aad ogtahay wixii laguu qabtay, Waalidkaaguna way kugu farxayaan.

The third is 'thank you'. Whenever your parents give you anything, you should be saying these two words to them, as it shows that you have good manners, and it will make them very happy.

7

Tan afraad, waxay tahay iga raalli noqo waxaan adeegsannaa marka aan hooyo iyo aabbo ka xanaajinno. Marwalba waa in aan dhahno iga raalli noqo, Gaar ahaan markaan hadal khalad ah ku hadalno ama falal khaldan aan ku kacno, Haddii aad cafis dalbato waalidkaa way ku cafinayaan.

The fourth word is 'sorry'. You will need to use this word when you have done something bad! When you say sorry, it shows that you regret what you did, and they will forgive you.

9

Respect and Appreciation

Ixtiraamka
iyo Qaddarinta

Adigu ma ixtiraamtaa dadka?
Then tell me; do you respect others?

Haddii aan rabo in ay dadku si wanaagsan iila dhaqmaan waa in aan aniguna ula dhaqmaa si wanaagsan.

Qof kasta wuxuu mudanyahay ixtiraam iyo qaddarin. Dadka qaar waxay mudanyihiin ixtiraam gaar ah, sida waallidka oo dhan, ayeeyo iyo awoowo gaar ahaan, macallimiinta iyo dhammaan dadka waaweyn oo dhan.

Hey friend, do you want others to respect you? If you want others to respect you; respect them first.

Everyone deserves respect and appreciation. Some people, such as parents, uncles, aunties and all elders, deserve special kindness and respect.

Haddii aan doonayo in ay dadku si wanaagsan iila dhaqmaan waa in aan aniguna ula dhaqmaa si wanaagsan.

Haddaba sidee dadka ixtiraamka iyo qadderinta aan u hayo u tusaa?
Waxaan isku dayayaa in aan ahaado mid akhlaaq leh. Waxaan samaynayaa wax walba oo wanaagsan, kumana qaylinayo dadka.

If you want others to treat you well; you need to treat them well first.

Do you like to show people that you are a respectable child? Then, you can do the following things that Sarah does:

Waxaan isku dayayaa in aan ahaado mid dadka caawiya oo aad u naxariis badan, khayr-kana waan falayaa meelkasta oo aan joogo. Sida in aan kabaha u soo dhaweeyo waallidkayga marka ay baxayaan wayna ku farxi doonaan sidaas.

Haddii uu jiro qof wayn oo taagan waan uga kacayaa kursiga. Anigu waan ixtiraa-mayaa ciyaalka kale, waligeyna ma caytamayo. Wax ay leeyihi-inna ma qaadanayo oggolaansho la'aan.

I always try to be as helpful and kind as I can. I help my elderly parents to put their shoes on as well. They appreciate it.

I always give up my seat for the needy, when I am on public transport. That makes them happy. I treat other children as I want them to treat me; I never take their toys without their permission.

17

18

Wax kasta oo wanaagsan oo aan samaynno way inoo soo noqdaan. haddaan dadka wana-ajinno way ina wanjinayaan; haddaan ixtiraamnana way ina ixtiraamayaan.

Anigu waxan ahay qof wana-agsan, waanan rabaaa in la i ixtiraamo.

Whatever good I do, it always comes back to me. Each time I treat someone well, they treat me well. Each time I respect someone, they respect me in return.

I am a good person, and I am responsible and I want to be respected.
So, now it is your turn to show everyone that you are a good and respectable child.

19

Sawiradan midabbee
Colour the pictures

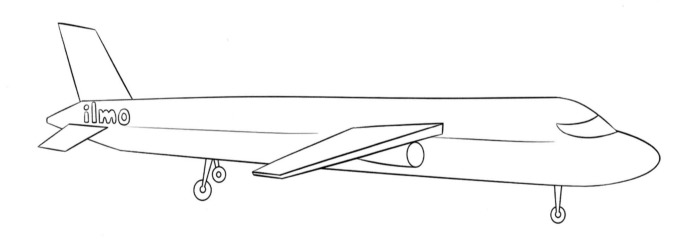

Sawiradan midabbee
Colour the pictures

22

Sawiradan midabbee
Colour the pictures

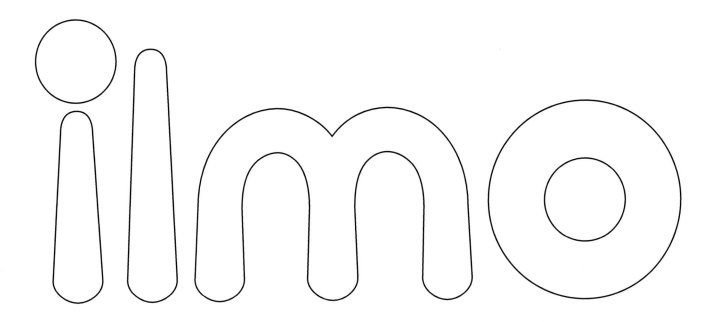

B T J X KH

D R S SH DH

C G F Q K

L M N W H

Y

A E I O U

Weedhaha Ku Jira Buugan / Vocabulary:

Eray bixin: Fadlan kelmed kasta ku qeex hal kelmed oo Af-Ingriisiga ah oo la macne ah ama u dhiganta kelmedda Af-Soomaali ah

1-Akhlaaq	Moral	11-Oggolaansho	Permission
2-Edeb	Good manners	12-Dadka	People
3-Wanaag	Goodness	13-la dhaqmaan	Treat
4-Masuuliyad	Responsibility	14-Ixtiraam	Respect
5-Bulsho/bulshada	Social/community	15-Qaddarin	Appreciate
6-Ogsoonnahay	Find out	16-Isku dayid	Try
7-Waxaas i sii	Give me this	17-Khayr	Good
8-Raalli noqo	Sorry	18-Cay	Insult
9-Mahadsanid	Thanks	19-Qaylo	Shout
10-Dhoollacaddayn	Smiling		

Suaalaha Macalinka Waydiinaayo Ardayda:

1. Waa maxay akhlaaq iyo edeb?

2. Waa maxay ixtiraam iyo qaddarin?

3. Maxay ku kala duwanyhiin akhlaaq iyo ixtiraam?

Questions:

1. What is a good manner?

2. What is a respect?

3. What's different between good manner and respect?

Maqal Iyo Dhagaysi:

Waxaad kala sheekaysataa ardayda oo aad wayddiisaa sawirrada buuggu leeyahay. Si aad u fahanto halka uu fahankoodu marayo.

Visual questions:

Ask the children about the pictures in the book. How does the picture look like? So you know how far they understood the story.

Caawimaad dheraad ah:

Caawimaad dheeraad ah oo aad carruurta u samayn karto.

Carruurta waxaad u dirtaa in ay qoraan wax ay u arkaan in hadday sameeyaan ay tahay akhlaaq wanaagsan, ama ixtiraam.

Extra help :

Extra help you can do for your child.

Send the children to write about good manners and respect.

Bugaagtan Waa Buugaag Akhris Ah Oo Xanbaarsan Fariin Qarsoon.

Faaidooyinka aad ka helayso buugaagtan ayaa waxay tahay:

1. Marka uu yar yahay ilmaha ee lagu bilaabo akhris yaraannimo waxa u bartaa kalamadaha uu isticmaalayo marka uu hadlayo.

2. Buugtan ayaa loogu talagalay in ay dhiirigaliyaan waslidka iyo ilamaha in ay wada fariistaan oo ay wada akhriyaan.

3. Akhriska waxa uu ilmaha ka dhigaa in uu diyaar u noqdo, waxbarashada oo waxa uu ilmaha galiyaa xiiso ah in uu wax barto.

4. Buugtan waxa ay soo bixi doonaan iyaga oo Lagu turjumay afaf kale.

These Books Are Reading Book With A Hint Message In It.

The Benefit Of This Books Are:

1. Early reading with the child will help to build the child's vocabulary in his/her mothertong.

2. Books are aimed to encourage parents to sit down with their children and to try toread them together.

3. It will also give the child attention to education as he is already used to read books.

4. Finally, there will be part of these books translated in other languages.

29

CREATED BY ILMO TEAM ©

ilmo

Aqoon.Waxbarasho

M.zaylai@ilmoaqoon.com
F.ibrahim@ilmoaqoon.com
www.4ilmo.com

DESIGNED BY: TAMARTIC DESIGN

tamt-tic

Hello@tamartic.com
www.tamartic.com
00252636777498

Second Edition 2020

Made in the USA
Monee, IL
22 December 2020